Manfred Mai

Leselöwen
Mutgeschichten

Zeichnungen von Dagmar Geisler

Der Umwelt zuliebe ist dieses Buch
auf chlorfrei gebleichtem Papier gedruckt.

ISBN 3-7855-3752-2 – 2. Auflage 2003
© 2001 Loewe Verlag GmbH
Umschlagillustration: Dagmar Geisler
Gesamtherstellung: sachsendruck, Plauen
Printed in Germany

www.loewe-verlag.de

Inhalt

Ein schöner Anfang

Robert rutscht beim Essen unruhig auf
dem Stuhl hin und her.

„Was ist denn los mit dir?", fragt Papa.
„Hast du Flöhe im Hintern?"

„Was?", fragt Robert zurück, weil er mit
seinen Gedanken weit weg war.

„Unser kleiner Träumer war mal wieder
im Land Fantasien, stimmt's?"

9

Robert sagt nichts. Er ist froh, als sie mit dem Essen fertig sind und er sich in sein Zimmer verziehen kann. Aber auch dort hat Robert keine Ruhe. Er schleicht aus dem Haus, setzt sich auf sein Fahrrad und zischt ab.

Wie so oft in den vergangenen Tagen fährt er in die Römerstraße und dort sehr langsam am Haus Nummer 24 vorbei. Ein paar Häuser weiter wendet er und fährt zurück – da geht die Tür auf, und Maria kommt heraus. Robert tritt in die Pedale und saust an ihr vorbei, als würde er sie nicht sehen.

Am nächsten Morgen läuft er in der großen Pause schnell ins Klassenzimmer und dort zu Marias Platz. Er kramt in ihrer Schultasche, zieht das Lesebuch heraus, legt einen Zettel hinein, schiebt das Buch zurück in die Tasche und geht wieder hinaus.

Als Maria in der Deutschstunde ihr Lesebuch aufschlägt, entdeckt sie den Zettel.

Maria hebt den Kopf und schaut einen Jungen nach dem andern an. Manche bemerken es gar nicht, andere machen dumme Faxen. Roberts Herz klopft bis zum Hals, als Marias Blick sich ihm nähert. Er fängt ihren Blick auf, rührt sich zuerst nicht, dann nickt er kurz, ohne genau zu wissen warum.

Maria lächelt.

„Hier vorne spielt die Musik!", mahnt die Lehrerin.

Maria dreht sich wieder nach vorn. Aber Robert sieht ihr Lächeln noch vor sich. Es macht ganz warm und weich und leicht. Und das ist erst der Anfang ...

Nur Mut, Kilian!

Kilian fährt mit seinen Eltern zum Haus von Oma Lisbeth. Es ist ein altes Bauernhaus, das seit Oma Lisbeths Tod leer steht. Kilian war in den Ferien öfter für ein paar Tage hier gewesen, und es hat ihm immer gut gefallen. Jetzt betritt er das Haus zum ersten Mal, ohne dass seine Oma da ist. Papa hat einen Schlüssel. Dennoch kommt sich Kilian fast wie ein Einbrecher vor. Er traut sich auch nicht zu reden und guckt verstohlen herum.

Kilian weiß, dass Oma Lisbeth tot ist. Trotzdem hat er das Gefühl, dass sie gleich aus einer der Türen tritt.

Mama und Papa wollen nachsehen, was sie von Oma Lisbeths Sachen noch brauchen können. Dabei geht Papa auch in den oberen Stock, der schon lange unbewohnt ist. Kilian geht mit und schaut sich um. „Was ist denn das für eine Kiste?"

„Das ist keine Kiste, sondern eine Truhe", antwortet Papa, der sich an einem alten Schrank zu schaffen macht.

„Und was ist da drin?"

„Mach sie auf, dann siehst du's!"

Kilian steht vor der Truhe und sieht den kunstvoll geschmiedeten Schlüssel. Er könnte ihn nehmen, aufschließen und die Truhe öffnen – aber er kann nicht. Er weiß nicht warum, aber irgendwie ist ihm diese Truhe unheimlich.

„Was ist?", fragt Papa und reißt Kilian damit aus seinen Gedanken. „Warum machst du sie nicht auf?"

Kilian zieht nur die Schultern hoch.
„Hast du etwa Angst?"
Darauf antwortet Kilian nicht.
Papa stellt sich neben ihn. „Na los,
mach sie auf! Ich bin doch bei dir."
„Mach du sie auf", murmelt Kilian.
„Du musst sie selbst aufmachen",
antwortet Papa. „Und wenn du es schaffst,
hast du die Angst besiegt."

Kilian schluckt und streckt die Hand nach dem Schlüssel aus. Doch als er ihn berührt, zieht er sie wieder zurück und schaut Papa bittend an.

Der schüttelt den Kopf. „Es hilft dir nicht, wenn ich die Truhe öffne, du musst es selbst schaffen. Denn wenn du vor etwas Angst hast, darfst du nicht weglaufen. Die Angst ist nämlich schneller als du und holt dich immer wieder ein. Du musst auf die Angst zugehen, dann weicht sie zurück.“

Kilian guckt Papa unsicher an. Trotzdem greift er nach dem Schlüssel und dreht ihn schnell um.

„Prima!“, lobt Papa ihn. „Den ersten Schritt hast du geschafft. Jetzt noch den zweiten!“

Kilians Mund ist trocken, sein Herz klopft heftig. Mit zitternden Fingern fasst er den Griff am Deckel der Truhe und hebt ihn langsam hoch. Dabei drückt er die Augen fest zu.

Papa legt den Arm um Kilian. „Jetzt hast

du es geschafft. Und wie du siehst, liegt nichts Gefährliches in der Truhe."

Erst jetzt öffnet Kilian die Augen und sieht alte Bücher, Alben und Schulhefte.

Er nimmt eines heraus und liest:
„Deutschheft – Lisbeth Maier – Klasse
3a." Kilian blättert in dem Heft. „Oma hat
aber schön geschrieben."

Papa nickt und holt ein Album aus der
Truhe. Zusammen schauen sie die alten
Fotos an, und Papa erzählt dazu schöne
Geschichten von früher.

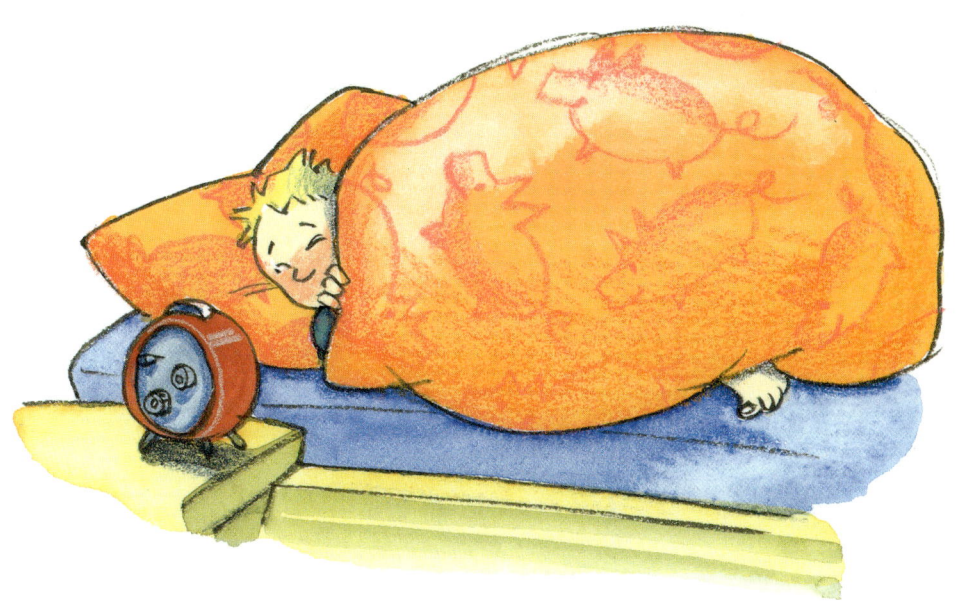

Lampenfieber

„Florian! Aufstehn!", ruft Mama.

„Hm", macht Florian, räkelt sich noch ein bisschen und schaut auf seinen Wecker. Im gleichen Augenblick fühlt er einen heißen Stich. „Sporttag! Ich bleibe im Bett und stelle mich krank", schießt es ihm durch den Kopf.

Er starrt an die Decke. „Das kann ich nicht machen", murmelt er, „die andern brauchen mich doch."

Mit einem flauen Gefühl im Magen steht er auf und schlurft zur Toilette. Dann geht er ins Bad. Dort schaut ihm aus dem Spiegel ein blasses Gesicht mit zerzausten Haaren entgegen. Florian spült nur kurz den Mund aus, um den schlechten Geschmack loszuwerden. Als er in die Küche kommt, steht schon eine Tasse mit dampfendem Kakao auf dem Tisch.

„Guten Morgen!", sagt Mama.

„Morgen", brummelt Florian und setzt sich an seinen Platz. Der Kakaogeruch steigt ihm in die Nase. Florian schiebt die Tasse schnell weg.

„Was ist denn los?", fragt Mama etwas überrascht.

„Nichts."

„Warum trinkst du dann deinen Kakao nicht?"

„Weil ich keinen mag."

Mama wundert sich. So patzig ist Florian normalerweise nicht.

„Schreibt ihr heute vielleicht eine Arbeit?"

„Nö!"

„Aber irgendetwas stimmt doch nicht mit dir", sagt Mama. „Du bist ja auch ganz blass um die Nase."

Plötzlich springt Florian auf, rennt zur Toilette und muss sich übergeben. Als er wieder zurückkommt, ist er noch blasser. Mama nimmt ihn auf den Schoß und streichelt ihn. Sie merkt, dass Florian weint.

„Willst du mir nicht sagen, was dich bedrückt?"

Florian braucht noch eine Weile, bis er antworten kann. „Heute ist Sporttag in der Schule. Und weil Julian sich verletzt hat, muss ich in der ersten Mannschaft mitspielen. Aber ich bin doch nicht so gut wie Julian. Wenn wir dann verlieren, bin ich schuld."

„Jetzt verstehe ich", sagt Mama und drückt Florian an sich. „Aber da redest

du dir etwas Falsches ein. Es ist ja
schließlich nicht deine Schuld, dass Julian
sich verletzt hat. Und wenn ihr ohne ihn
wirklich verlieren solltet, ist es auch nicht
deine Schuld. Du musst nur dein Bestes
geben, mehr kann niemand von dir
verlangen."

Florian sagt nichts. Er rutscht von Mamas Schoß und will sich anziehen.

Mama streicht Butter auf ein Brot. „Du musst unbedingt noch etwas essen, sonst hast du nachher gar keine Energie", meint sie.

„Ich kann jetzt nichts essen, sonst muss ich noch mal spucken", entgegnet Florian.

„Dann trink wenigstens deinen Kakao", sagt Mama.

„Mir wird schon übel, wenn ich den nur rieche."

„Hm", macht Mama. „Du kannst doch nicht ohne etwas im Magen an einem Sportwettkampf teilnehmen. Dann gebe ich dir ein Frühstück mit. Das musst du aber dann auch essen."

„Jaja", sagt Florian, damit Mama zufrieden ist.

„Also, mach's gut, mein Schatz, ich drück dir die Daumen", versucht Mama Florian aufzumuntern und gibt ihm einen Abschiedskuss.

Draußen hört er hinter sich jemanden „Flori!" rufen. Es ist Philipps Stimme. „Flori, warte auf mich!"

Florian bleibt stehen.

Philipp kommt angelaufen und redet gleich los, obwohl er ein wenig außer Atem ist: „Ich freu mich so auf den Sporttag. Das ist doch viel schöner als Schule." Auf dem ganzen Weg zur Turnhalle redet Philipp ununterbrochen. Sonst nervt sein Gelaber Florian, aber heute rauscht es an ihm vorbei.

In der Umkleidekabine merken ein paar Jungen, dass Florian ungewöhnlich still ist.

„He, Flori, was hast du?", fragt Martin, der beste Sportler der Klasse.

Florian zieht die Schultern hoch. „Ich ... ich ..."

„Los, Jungs, raus mit euch!", ruft der Sportlehrer. „Ihr seid gleich im ersten Spiel dran. Macht euch noch ein bisschen warm!"

Die sieben Jungen der ersten Mannschaft der Klasse 3a gehen in die Halle,
laufen eine Runde und machen ein paar
Dehnübungen.

Martin stellt sich neben Florian und
sagt: „Keine Angst, Flori, das klappt
schon."

Florian versucht zu lächeln, was ihm
jedoch ziemlich schwer fällt.

Der Schiedsrichter schickt die beiden
Mannschaften in ihre Hälften und pfeift
das Spiel an. In den ersten Minuten sind
alle noch etwas verkrampft und unsicher.
Es gibt viele Abspielfehler. Einmal fängt
Martin vor dem eigenen Tor einen Wurf
ab und spielt sofort zu Florian. Der ist so
überrascht, dass er den Ball nicht fest-
halten kann. Aber bevor ein Gegenspieler
bei ihm ist, hat er den Ball wieder, schaut
hoch, sieht Martin und wirft. Martin fängt
den Ball und ruft: „Komm, Flori!"

Florian rennt nach vorn, Martin trickst
zwei Gegner aus und spielt im richtigen

Augenblick zu Florian, der allein aufs Tor zuläuft. Am Sieben-Meter-Kreis zögert er kurz.

„Zieh ab!", ruft Martin.

Florian wirft, der Torhüter macht sich lang, kann den Ball aber nicht erreichen.

„Tor!", jubeln Florians Mitspieler und umringen ihn.

„Super, Flori!", sagt Martin.

Da kann Florian zum ersten Mal an diesem Tag lachen.

Wer einmal stiehlt ...

„Frau Gassner! Frau Gassner!", ruft
Marlene, als ihre Lehrerin nach der
kleinen Pause ins Klassenzimmer kommt.
„Mir hat jemand fünf Euro gestohlen!" Sie
streckt Frau Gassner ihr Mäppchen
entgegen. „Hier in diesem Seitenfach war
das Geld. Und jetzt ..."

„Langsam, langsam", versucht Frau
Gassner die aufgeregte Marlene zu
beruhigen. „Mit solchen Verdächtigungen
muss man sehr vorsichtig sein. Vielleicht
findet sich das Geld ja irgendwo."

Marlene durchsucht noch einmal ihr Mäppchen und den Schulranzen. Sie wühlt in sämtlichen Taschen, und ihre Freundin Julia kriecht unter die Bank – nichts. Keine Spur von dem Geld.

„Und du bist ganz sicher, dass du fünf Euro in deinem Mäppchen hattest?", fragt Frau Gassner.

„Natürlich!", antwortet Marlene.

„Hm", macht Frau Gassner und schaut in ihre Klasse. „Jetzt warten wir mal bis zum Ende der großen Pause. Vielleicht taucht das Geld ja doch noch auf."

Frau Gassner beginnt mit dem Unterricht, aber die Kinder sind nicht so recht bei der Sache. Und in der großen Pause gibt es natürlich nur ein Thema: das verschwundene Geld. Es dauert auch nicht lange, bis Marlene ihren Verdacht ausspricht: „Das war bestimmt Anna. Mein Kettchen hat sie ja auch gestohlen."

„Die klaut doch alles!", ruft Paul.

„Ich war's nicht", sagt Anna.

„Warum wirst du dann so rot?", fragt Sophie.

„Weil sie lügt!", behauptet Paul.

„Ich lüge nicht", wehrt sich Anna und fängt zu weinen an.

„Wer soll es denn sonst gewesen sein?", fragt Sophie.

Melanie beobachtet alles, steht zwischen den Kindern und spürt ihr Herz klopfen.

„Die Einzige, die hier klaut, bist du!", hört sie Sophie sagen.

Dieser Satz trifft Anna so, dass sie laut schluchzt. Und er trifft auch Melanie. Sie löst sich aus der Gruppe, geht zu Anna und setzt sich neben sie. „Ihr seid gemein", sagt Melanie. „Nur weil Anna einmal etwas weggenommen hat, soll sie es jetzt wieder gewesen sein. Das könnt ihr doch nicht einfach behaupten."

„Wer einmal stiehlt, stiehlt immer wieder!", ruft Paul. „Das hat mein Papa gesagt."

„Dein Papa ist genauso doof wie du!"

„Pass bloß auf, sonst knall ich dir eine!", droht Paul.

Aber Melanie beachtet ihn nicht mehr. Sie legt einen Arm um Anna und gibt ihr ein Taschentuch.

„Danke", murmelt Anna.

„Vielleicht hat sie das Geld ja wirklich nicht gestohlen", sagt Vincent.

„Halt doch du die Klappe!", zischt Paul.

„Tu ich nicht", entgegnet Vincent. „Weil Melanie nämlich Recht hat."

Ein paar Kinder nicken. Anna wischt die Tränen weg.

Klassenarbeit

In den letzten Tagen hat Johanna richtig gebüffelt. Ihre Mutter ist sehr zufrieden mit ihr. „Diesmal schreibst du bestimmt eine gute Note", meint sie.

Doch da ist sich Johanna nicht so sicher. Zu Hause kann sie die meisten Aufgaben zwar lösen, aber in der Schule ist das anders. Wenn Herr Beimer die Aufgabenblätter verteilt hat, darf nicht mehr geredet werden. Diese bedrückende Stille kann Johanna kaum aushalten. In dieser Stille kann sie einfach nicht denken. Deswegen gibt es für sie nichts Schlimmeres als Klassenarbeiten.

Auf dem Weg zur Schule überlegt Johanna, ob sie sich irgendwo verstecken soll. Doch bevor sie sich entschieden hat, kommt Axel aus einer Seitenstraße. Jetzt kann sich Johanna nicht mehr aus dem Staub machen. Vor dem Klassenzimmer stehen schon etliche Kinder. Ein paar haben das Matheheft in der Hand und lesen noch einmal durch, was sie in der letzten Stunde gelernt haben. Andere albern herum, wieder andere stehen einfach so da.

Regine nimmt Johanna beiseite, greift in
die Tasche und holt ein kleines Stück
Papier heraus.

„Ein Spickzettel?", fragt Johanna.

Regine grinst. „Mit dem kann mir nichts
passieren."

„Und wenn Herr Beimer ihn findet?"

„Bei mir doch nicht", sagt Regine. „Ich
bin ja nicht doof."

„Aber das ist ..."

In diesem Augenblick kommt Herr Beimer.
„Guten Morgen, Kinder!", grüßt er
freundlich und schließt die Tür auf.

Die Kinder gehen hinein und setzen sich
an ihre Plätze.

„Ihr braucht nur Heft, Füller und Lineal. Sonst möchte ich nichts auf den Tischen sehen", sagt Herr Beimer und teilt die Aufgabenblätter aus.

Hinten wird getuschelt. Herr Beimer räuspert sich laut. Sofort wird es still. Alle beugen sich über die Aufgaben und schielen höchstens noch verstohlen nach rechts oder links. Herr Beimer setzt sich an den Lehrertisch und schaut in die Klasse.

Johanna liest die Aufgaben durch. Plötzlich stößt Regine sie mit dem Knie an. Johanna guckt kurz hinüber und sieht, dass Regine den Daumen nach oben streckt. Die Aufgaben sind also nicht schwierig. Den Eindruck hat Johanna nach dem ersten Durchlesen auch. Trotzdem weiß sie nicht, wo und wie sie anfangen soll. Ihr Gehirn ist völlig blockiert.

Regine merkt, was mit Johanna los ist, und flüstert ihr etwas zu. Sofort hebt Herr Beimer den Kopf und klopft auf den Tisch. Johanna spürt ihr Herz gegen die Brust hämmern, ihre Hände sind feucht. Sie will nicht wieder eine Fünf oder Sechs schreiben, denn sie weiß, dass sie die Aufgaben lösen kann. Nur nicht hier, in dieser schmerzenden Stille und unter den Augen von Herrn Beimer. Wenn sie hier drin bleiben muss, kann sie wieder nur eine fast leere Seite abgeben, das weiß sie. Tränen steigen ihr in die Augen, sie

zieht die Nase hoch und schluckt. Dann nimmt sie ihren ganzen Mut zusammen und meldet sich.

„Während der Arbeit keine Fragen", sagt Herr Beimer nur.

Doch jetzt ist Johanna alles egal, sie redet einfach drauflos: „Ich habe keine Frage, ich kann hier nicht rechnen. Zu Hause habe ich solche Aufgaben immer lösen können. Aber wenn Sie da vorne sitzen und so streng sind, vergesse ich alles, was ich gestern noch gewusst habe."

44

Die Kinder halten den Atem an und schauen von Johanna zu Herrn Beimer. Der sitzt unbeweglich hinter seinem Tisch und scheint darüber nachzudenken, was er eben gehört hat.

Johanna schaut auf die leere Seite in ihrem Heft. Viele Gedanken schwirren durch ihren Kopf. Aber egal, was nun passieren wird, sie ist froh, dass sie es endlich gesagt hat.

Selina passt auf

„Es ist ja schon halb sechs", sagt eine Frau zur andern auf dem Spielplatz.

Selina hört es und erschrickt. Sie hätte um fünf zu Hause sein sollen, aber beim Spielen hat sie völlig die Zeit vergessen.

„Ich muss gehen", sagt sie und läuft los.

„Bestimmt ist Mama böse und wird mich schimpfen", denkt sie unterwegs. Völlig außer Atem kommt Selina zu Hause an. Sie läutet und wartet, aber die Tür wird nicht geöffnet. Sie läutet noch einmal – wieder tut sich nichts. Beim dritten Mal läutet Selina Sturm. Vergeblich.

„Mama!", ruft sie und klopft gegen die Tür. Es nützt alles nichts.

„Mama", sagt Selina leise und beginnt zu weinen.

Doch dann dreht sie sich um und läuft durch den Garten zur Hintertür. Die ist offen. Obwohl ihr die Sache ein wenig unheimlich ist, geht Selina hinein und langsam die Kellertreppe hoch. Vorsichtig öffnet sie die Tür und schaut in den Flur. Es ist nichts Besonderes zu sehen. Auf leisen Sohlen schleicht Selina zuerst ins Wohnzimmer, dann in die Küche.

„Mama!"

Mama liegt auf dem Boden und rührt sich nicht.

„Mama", sagt Selina noch einmal, geht ein paar Schritte und bleibt wieder stehen. „Mama, was ist denn?"

Mama antwortet nicht. Als Selina ihre Mama vor sich liegen sieht, bekommt sie Angst. „Vielleicht ist Mama tot", denkt sie und traut sich nicht, sie anzufassen. Am liebsten möchte sie davonlaufen, aber ihre Beine bleiben einfach stehen.

„Mama?"

Durch Selinas Kopf schwirren viele Gedanken, wirre und wilde Gedanken. Während sie noch wie betäubt dasteht, hört sie ein Stöhnen.

„Mama!"

Selina tritt neben ihre Mama, beugt sich über sie und rüttelt sie leicht am Arm. Aber Mama reagiert nicht. Selina überlegt, was sie tun soll, dreht sich um und geht schnell hinaus zum Telefon. Sie wählt die Nummer 110 und erzählt dem Mann am Ende der Leitung, dass ihre Mama wie tot in der Küche liegt.

Der Mann will wissen, wo sie wohnen, und beruhigt Selina.

Es dauert nicht lange, bis sie ein Martinshorn hört. Sie öffnet die Haustür, damit der Notarzt schnell hereinkommen kann. Er untersucht Selinas Mama kurz und gibt ihr eine Spritze. Wenig später schlägt sie die Augen auf.

„Was ... was ist passiert?", nuschelt sie.

„Ich bin Dr. Baumer", sagt der Arzt. „Ihre Tochter hat Sie bewusstlos gefunden und zum Glück schnell und richtig gehandelt. Können Sie sich erinnern, was Sie zuletzt getan haben?"

Sie überlegt. „Ich habe Kartoffeln
geschält, und dabei ist mir plötzlich
schwarz vor Augen geworden. Dann weiß
ich nichts mehr."

„Hm", macht der Arzt. „Ich würde Sie
gern in die Klinik bringen, wo wir Sie
gründlich untersuchen können."

Selinas Mama möchte nicht in die Klinik. „Das war bestimmt nur mein Kreislauf, der macht in letzter Zeit manchmal schlapp."

„Dann sollten Sie das nicht auf die leichte Schulter nehmen", warnt der Arzt.

„Das tu ich bestimmt nicht", verspricht Mama. „Ich werde versuchen, ein bisschen ruhiger zu leben." Sie lächelt Selina an. „Und ich habe ja eine Tochter, die gut auf mich aufpasst." Sie setzt sich auf, streckt die Arme aus und drückt Selina an sich.

Die letzte Chance

Basti, Onur und Lukas haben eine still-
gelegte Fabrik entdeckt. Das Betreten des
Geländes ist verboten, aber sie sind
zurzeit jeden Tag dort, weil es viel
Interessantes zu entdecken gibt. Auch
heute treffen sie sich am frühen Nach-
mittag vor dem Wohnblock. Tom kommt
auch dazu und fragt: „Was macht ihr?"
  „Geht dich nichts an", brummt Basti.
  „Zisch ab!", sagt Onur.

„Ich kann stehen, wo ich will!"

„Kommt, lasst ihn", sagt Lukas. „Wir gehen."

Die drei Jungen machen sich auf den Weg zu „ihrer" Fabrik – und Tom schleicht hinter ihnen her. Das scheint Lukas zu ahnen, denn plötzlich dreht er sich um und sieht Tom. „Er verfolgt uns."

„Wer?", fragt Onur.

„Tom", antwortet Lukas. „Er versteckt sich hinter dem roten Mercedes."

Die drei laufen zurück.

„Was machst du da?", fragt Basti den am Boden kauernden Tom.

„Ich ... äh ... nichts."

„Du spionierst uns nach", behauptet Lukas.

„Stimmt ja gar nicht!"

„He, ich hab eine Idee!", sagt Onur. Er flüstert mit Basti und Lukas.

„Also gut", verkündet Basti das Ergebnis der kurzen Beratung, „du darfst mitkommen. Aber vorher musst du beweisen, dass du keine Pflaume bist."

„Und wie?"

„Du musst über die Straße und wieder zurück", antwortet Basti.

Tom atmet erleichtert auf, denn das ist für ihn kein Problem. Aber er hat sich zu früh gefreut.

„Natürlich nicht hier", sagt Onur, „sondern weiter vorn, wo die Autos schneller fahren."

Tom erschrickt. „Das ... das ... ist doch gefährlich", stottert er.

„Sonst wäre es ja keine Mutprobe", sagt
Onur.

„Du brauchst es ja nicht zu machen", sagt
Lukas. „Aber dann kannst du abzischen!"

„Ich mach's."

„Also los, komm mit!", sagt Basti.

Die Jungen gehen ein Stück an der
Straße entlang.

„Hier dürfen die Autos siebzig fahren",
sagt Onur. „Manche fahren auch noch
schneller", fügt er grinsend hinzu.

Auf beiden Fahrspuren brausen die
Autos vorüber. Es gibt nur hin und wieder
eine kleine Lücke.

„Du musst in zehn Sekunden wieder hier
sein", sagt Basti.

Tom guckt ihn mit großen Augen an.

Basti grinst. „Ich habe es in acht
geschafft."

Tom schluckt. Aber er stellt sich an den
Straßenrand, schaut abwechselnd nach

rechts und links, um eine Lücke zu
erspähen.

„Ich gebe das Kommando", sagt Basti.

„Aber ich ..."

„Auf die Plätze – fertig – los!", ruft Basti.

Tom rührt sich nicht von der Stelle.

„Was ist?", fragt Onur. „Warum bist du
nicht gelaufen?"

„Da komme ich nie durch", murmelt
Tom.

„Du hast noch eine Chance", sagt Basti.
„Mach dich bereit!"

Wieder gibt er das Startzeichen, wieder
läuft Tom nicht.

„Nö, das mach ich nicht", sagt er. „Wer
da rüberläuft, ist nicht mutig, sondern
bescheuert. Und ich bin nicht bescheuert!"

„Tja, Pech gehabt", meint Basti. „Das
war deine letzte Chance."

Tom guckt ihm in die Augen. „Ich glaube
nie im Leben, dass du das in acht
Sekunden geschafft hast. Höchstens am
Sonntagmorgen, wenn noch alle pennen.

Da mach ich es auch." Er dreht sich um und geht.

„Bis Sonntagmorgen!", ruft er noch zurück.

Manfred Mai, 1949 in Winterlingen geboren, wuchs auf einem Bauernhof auf. Als Kind machte er sich nichts aus Büchern und hatte mit Schule auch nicht allzu viel im Sinn. Nach dem Schulabschluss begann er eine Malerlehre und arbeitete in einer Fabrik. Aber so recht glücklich war er dabei nicht. Er wurde immer unzufriedener und ging auf die Suche nach Neuem. In dieser Zeit entdeckte er, dass Bücher etwas Tolles sind. Er las und lernte viel, wurde Lehrer und schließlich Schriftsteller. Heute lebt Manfred Mai mit seiner Frau und zwei Töchtern im schönen Schwabenländle.

Dagmar Geisler studierte in Wiesbaden das Zeichnen. Direkt nach dem Studium begann sie, für verschiedene Verlage Bücher zu illustrieren. Das macht sie noch heute mit großer Begeisterung – besonders gerne denkt sie sich witzige Details für Bilder aus. Dagmar Geisler hat einen Sohn und lebt mit ihrer Familie bei München.

Leselöwen

Jede Geschichte ein neues Abenteuer